DÉMOCRATIE CHRÉTIENNE

D'UNE

SECONDE CHAMBRE

DU

RENOUVELLEMENT PARTIEL

DE LA CHAMBRE ACTUELLE

ET DE SES CONSÉQUENCES

PAR A. MAUREL

FOIX

J. FRANCAL, LIBRAIRE-ÉDITEUR

—

M DCCC LXXIII

DÉMOCRATIE CHRÉTIENNE

DÉMOCRATIE CHRÉTIENNE

D'UNE

SECONDE CHAMBRE

DU

RENOUVELLEMENT PARTIEL

DE LA CHAMBRE ACTUELLE

ET DE SES CONSÉQUENCES

PAR A. MAUREL

FOIX

J. FRANCAL, LIBRAIRE-ÉDITEUR

—

M DCCC LXXIII

D'UNE SECONDE CHAMBRE

DU RENOUVELLEMENT PARTIEL DE LA CHAMBRE ACTUELLE

ET DE SES CONSÉQUENCES

Quoiqu'il entre pour plus des cinq sixièmes dans la composition de l'Assemblée nationale, le parti de l'ordre s'y est montré, jusqu'à ces derniers temps, si divisé et, par suite, si indécis, que,

malgré cette énorme supériorité numé-
rique, il n'a pas toujours été sûr d'une
majorité seulement relative. Témoin l'é-
chauffourée du 29 novembre où, de peur
de voter blanc ou tricolore, les trico-
lores et les blancs votèrent parfaite-
ment rouge, et, à leur grand ébahisse-
ment, d'évêques qu'ils s'étaient cou-
chés, à leur réveil se levèrent meu-
niers. Il pouvait leur arriver pire, sur-
tout si la leçon leur doit servir. Déjà,
mieux avisés, ils ont pris leur revan-
che, et, depuis le 14 décembre, les voilà
manche à manche avec les radicaux.
En cet état, un jour ou l'autre, on
jouera la belle, et comme il importe à
l'intérêt social que ce ne soit pas l'es-
prit de révolution qui prévale dans la
constitution du gouvernement définitif
qui en sera l'enjeu, nous ne saurions
assez engager les vainqueurs de la der-
nière heure à ne pas s'endormir sur le
succès oratoire de MM. Raoul Duval,

d'Audiffret-Pasquier et Dufaure. Ces messieurs ont éclairé la voie, c'est à la majorité, à la Droite, sur laquelle, en dépit du paradoxe plus apparent que réel nous nous obstinons à fonder nos espérances républicaines, à la creuser et à la rendre sûre. Ce qu'il faut, tout d'abord, ce sont des actes de protection sérieuse, c'est une législation virile qui s'impose de front contre les tendances anarchiques et prévienne la révolte pour n'avoir pas à la réprimer, ou, ce qui serait pire, à la subir.

Si rassurant, en effet, que soit pour le présent le vote des 483, il ne garantit pas l'avenir. Après comme avant, la difficulté reste debout et le danger n'est qu'ajourné. Réduite à ce résultat éphémère, la victoire de la Droite ne serait pas seulement illusoire, elle serait déplorable, car, si radicales qu'eussent été les conséquences de la dissolution immédiate de la Chambre, on peut affirmer qu'après un an de propagande ardente, au terme de 1874, prévu, si non tout à fait concédé par les conservateurs eux-mêmes, ses effets seraient plus désastreux encore.

M. Thiers se flatte de les conjurer à l'aide d'une seconde Chambre, et par un miracle de séduction dont il est coutumier, la Commission des Trente qui, au début, n'en voulait pas, est présentement d'accord avec lui pour l'adjonction de cette cinquième roue dorée au char de l'Etat, comme on disait, au temps où la France était assez riche pour rouler carrosse. Aujourd'hui nous sommes bien pauvres pour nous payer ce luxe inutile.

Autre question. Cette seconde Cham-

bre sera-t-elle déléguée ou nommée ?
Nommée par voie d'élection générale. et
sous la direction du Président de la République , elle ne serait qu'un corps-lige au
service du Pouvoir exécutif, sans grande
autorité , nous le voulons bien , mais ,
tel quel , dévolu à son indépendance ,
ce qu'il serait imprudent de vouloir. Déléguée par l'Assemblée nationale, qui natu-
rellement la recruterait, en grande partie,
dans son sein , cela équivaudrait à se
nommer soi-même. Le procédé serait par
trop naïf ; on ferait des chansons là-
dessus dont les élections patiraient ,
et , la majorité venant à changer de
couleur , un coup de balai législatif ferait justice de cette fournée de dupes.
Nous n'en dirons pas davantage. Ceci
nous conduirait à signaler un piége qui,
sans être flagrant , n'est pas inadmissible
dans les calculs d'un certain entourage.

Quels services, d'ailleurs, pourrait rendre une seconde Chambre qu'on ne puisse retirer de celle qui existe ? Nous n'hésitons pas à répondre : aucun. Même comme rouage modérateur, une disposition du règlement vaudrait mieux qu'un *veto* étranger qui aurait l'inconvénient de scinder la souveraineté gouvernementale, ce grand écueil des monarchies parlementaires qui, à lui seul, suffirait à justifier nos préférences tardives pour le régime électif. Gardonsnous donc d'une seconde Chambre comme chose inutile, onéreuse et préjudiciable, mais, par contre, attachons-nous à conserver, à fortifier dans sa récente homogénéité celle que nous avons, en attendant qu'une sévère révision de nos lois organiques nous permette de procéder à son remplacement, non pas d'un seul coup, ce qui, dans notre état d'indécision politique, serait une impardonnable folie, mais peu à peu, en connaissance de cause et en toute prudence, par le renouvellement partiel.

✦

Quant à la quotité des coupures de renouvellement, ceci tient à un travail d'ensemble que nous n'aurons qu'à reproduire, l'ayant déjà publié sous le titre *d'un grain de bon sens*, et qui, à défaut d'autre mérite, a eu celui de formuler, un an à l'avance, les prémices de la ligue conservatrice victorieusement acclamée dans la mémorable séance du 14 décembre. Immense résultat si on le compare à l'alternative contraire à laquelle nous livrait l'aveugle antagonisme des hommes d'ordre, divisés par des prétentions dynastiques heureusement sous-entendues aujourd'hui.

✦

Cependant, cette alliance suprême, dont nous remercions Dieu, ne nous satisfait pas, et ce n'a pas été sans un vif sentiment d'inquiétude que, dès le premier jour, nous avons entendu ceux-là mêmes qui lui devaient leur résurrection marchander sa durée, sans qu'une voix reconnaissante se soit élévée pour protester contre cette réserve impolitique et injuste.

En voyant les conservateurs de toutes nuances, réfugiés sur cette planche de salut qui s'appelle la trève, méditer de la rompre avant même d'avoir touché au port, nous nous sommes involontairement souvenu du beau tableau de Géricault et nous nous sommes demandé si ce fut là la préoccupation des naufragés de *la Méduse*. Quand tout s'effondre autour de nous et que, par hasard ou, peut-être, par un reste de miséricorde divine, apparaît un point quelque peu

ferme, n'est-il pas inouï que, au risque
de crouler avec lui, on ne songe qu'à
le saper, comme si ce n'était pas assez
que, dans les plus stables choses humaines, il n'y ait rien de définitif et
que, malgré nous , tout y soit provisoire?

Après l'expérience alarmante qu'elle
venait de faire de son effacement sou-
dain, la majorité aurait dû mieux com-
prendre que , toute défaillance devant
lui être fatale et son union étant su-
bordonnée à une action commune, ce
n'était pas un ajournement de quelques
mois qu'elle aurait dû consentir , mais
le sacrifice , sinon absolu, du moins à
terme indéfini, de ses aspirations dynastiques, cette pomme de discorde suspen-
due sur le parti de l'ordre, qu'elle tient
en échec et dont la saveur pénètre au-
delà même des mers et des tombeaux.
En dehors de cette concession, ce que,

par un abus de mots, on est convenu
d'appeler l'essai loyal ne saurait être
sincère, fécond, ni concluant.

—➤◄•—

Dira-t-on que ce serait forfaire aux
principes et aliéner l'avenir? Et d'abord,
si respectables qu'ils soient, les principes en matière de souveraineté ne
sont pas des dogmes. Seule l'autorité
est dogmatique, mais sa manifestation
est diverse. Et quant à l'avenir, dont le
pivot est à Rome et l'horizon s'étend aux
rivages perdus, quels que soient leur na-
ture et leur éloignement, que peuvent,
lorsque l'heure est venue, les usurpations
et les barrières humaines contre la volon-
té de Dieu? Aujourd'hui c'est la société
chrétienne, son œuvre tout entière dont
la révolution convoite la curée ; et si,
contre cette trame infernale, la monarchie est impuissante et l'effort de tous
nécessaire, faudra-t-il, pour un vain

respect de la forme , laisser péricliter le fond ? Pour ne pas toucher à la reine, faut-il la laisser se noyer ?. Autant que personne nous estimons la foi chevaleresque , mais nous lui préférons le dévoûment utile, et nous tenons , lorsqu'on a charges d'àmes , comme c'est le cas de la Chambre, que le devoir est de les sauver.

-->«<-

Toute résolution dans ce but, autre que l'affirmation du pacte provisoire du 14 décembre, nous semble , pour longtemps encore , si prématurée et si compromettante que, devant la responsabilité qu'ils assument, nous sommes étonné que les princes-prétendants qui, présentement, se réduisent aux deux branches d'une même famille, ne soient pas les premiers à donner le signal concordant d'une patriotique et solennelle abnégation qui serait pour la monarchie un nouveau titre à la reconnaissance nationale, si jamais, ce qui est le secret de Dieu et la récompense des peuples sages, les rois devaient, une fois de plus, succéder aux juges.

―――>=<―――

Quoique, depuis, il ait été un peu surmené par les événements, rendons cette justice à M. le comte de Chambord que sa sagesse devança notre vœu, comme l'exprime le pieux aphorisme dont son parti lui fait très-justement honneur : *l'heure est à Dieu et la parole est à la France*. Mais, à notre avis, tout est là, et nous ne sommes pas si farouche républicain que nous ayons jamais entendu autre chose. Ne visant que la révolution et son cortége de violences, nous n'avons pas d'autre intention que de signaler les erreurs qui y mènent et de calmer les impatiences qui pourraient aboutir au même résultat, les royalistes, en cette affaire, nous paraissant plus royalistes que le roi. C'est Henri V dont nous voulons parler, un prince, dit-on, accompli. Lui-même a dit qu'il était la clémence, et il a eu raison, car un roi c'est un père, et il ne peut gouverner autrement. Mais que peut un berger sur un troupeau de loups ? Nommez-le et, du même coup, tout Nouméa nous reviendra avec ses haines au centuple, comme aussi l'aimable Commune qui, dit-on, s'est installée à Londres où, histoire de se faire la main, elle proscrit par passe-temps et exécute en effigie.

Vous êtes, messieurs de la Chambre, sept ou huit cents et vous ne voyez pas l'Internationale qui, sous son nom et sous bien d'autres, s'organise par-

tout. Ses journaux sont pleins d'impré-
cations et vous ne les entendez pas,
et ce que, tous ensemble, vous ne,
savez ni entendre ni voir, comment
pouvez-vous espérer qu'un seul les
verra et les entendra mieux ? Eh !
messieurs , qu'est-ce donc qui vous
aveugle ou vous presse ? Le signe dont
parle M. le comte de Chambord vous
est-il apparu ? Auriez-vous entendu
l'heure sacramentelle ? En tout cas , ne
la demandez pas à l'horloge royale.
De tout ce beau palais qu'habita
Louis XVI, où le duc de Berri expira
et d'où Charles X dut s'enfuir comme,
plus tard , Louis-Philippe et Napoléon
III , le célèbre cadran , par un prodige
d'équilibre, est seul demeuré debout,
mais il n'a plus de voix, et son aiguille
vengeresse s'est immobilisée sur la date
du crime que Paris expie et dont il
fut complice par ses votes félons. Le
crime a été grand, l'expiation doit être

longue. Ne vous hâtez donc pas de relever ces sinistres débris , et laissez en paix la royale victime que , vous, vous voudriez y renfermer trop tôt.

◆━►◄━◆

Et d'ailleurs, à quel titre rétabliriez-vous la Monarchie ? Serait-elle parlementaire ou absolue ? Parlementaire., elle aboutira fatalement à l'article 14 de la primitive Charte, c'est-à-dire, à un conflit décisif qui fera du roi un fugitif, un otage ou un dictateur. Absolue , ainsi que le voudrait la saine logique de l'unité gouvernementale , elle présente quelques dangers pour la liberté comme elle encourt celui des bombes Orsini et des balles Pyat. On tue un roi , on ne tue pas aussi facilement une Assemblée , et voilà pourquoi, en attendant que l'expérience et le malheur nous aient rendus plus sages, ce n'est pas un roi qu'il

nous faut, mais un gouvernement collectif à l'abri d'une balle assassine, une
Convention nationale composée de
toutes les nuances de l'opinion publi-
que, en un mot, le maintien règle-
menté de la Ligue du 14 décembre,
partiellement renouvelable par annuités.

Savoir attendre et travailler sans
relâche comme sans faiblesse au code
de la conservation sociale, tel est
aujourd'hui le devoir de la Chambre,
en dehors de toute préoccupation dy-
nastique. Représentants de la Droite et
des Centres, souvenez-vous du 29 novembre, et puisque c'est à votre accord
que vous devez de vivre, ne soyez ni
ingrats, ni timides; ne vous divisez plus,
ne vous dissolvez pas. La monarchie étant
insuffisante aux besoins du moment,
sachez vous concerter pour une bonne

République, une République rationnelle,
c'est-à-dire autoritaire et chrétienne.
Cette République qui, telle que nous
l'entendons, serait le plus conservateur
des gouvernements, vous seuls pouvez
la faire durable, parce que, la redou-
tant, vous règlerez sa direction et la
préserverez ainsi de l'écueil qui perdit
ses aînées. Ce qui, en effet, a perdu
les trois Républiques de 89, de 1848
et du 4 septembre, et, malgré l'in-
comparable habileté de M. Thiers, per-
drait certainement la République actuelle, c'est cette vieille et persistante
erreur qui, confondant l'effet avec la
cause, consiste à donner pour base aux
gouvernements populaires la liberté qui
n'en doit être que le produit. Sauve-
gardée par son principe d'autorité, la
Monarchie pourrait, à la rigueur, s'ac-
commoder de cette théorie décevante,
mais la République, étant par son es-
sence même dépourvue de tout frein

dominateur, doit en faire justice sous peine de sombrer dans d'effrayants abîmes. Que la majorité accepte résolûment notre doctrine et ses moyens, et, à la première épreuve, les 483 se compteront par 600, la révolution sera vaincue et la liberté triomphante.

→ ►◄ ←

A l'œuvre donc et au plus pressé. Ce qui presse le plus, nous l'avons déjà dit, c'est de refaire nos lois politiques. Il faut, pour commencer, passer, non pas au crible, mais au laminoir la loi de réunion, la loi de la presse et la loi électorale. Il faut aussi modifier les lois municipale et départementale. Avec ces lois telles qu'elles sont, il n'y a pas de gouvernement possible et moins encore la République que la Monarchie. Pour ne parler que de la loi électorale, nous croyons ne pouvoir mieux faire que d'emprunter à l'étude politique que nous avons citée plus haut notre première appréciation sur ce grave sujet, à laquelle nous n'avons rien à changer.

><

« Le suffrage universel, écrivions-nous
« à ce moment, est si corruptible et si
« décevant, la loi est si mauvaise, que
« ceux-là même qu'elle semble le plus
« favoriser, sont les premiers à la répu-
« dier. Pour la rendre meilleure, il faut
« moraliser le vote , et, du droit de
« suffrage, faire la récompense de cer-
« tains devoirs et de certaines conditions
« accomplis, depuis le service militaire
« jusqu'au mariage, depuis la résidence
« réelle jusqu'au cens. Oui , un cens
« minimum. L'État n'est pas une fiction,
« c'est une ruche animée, et ceux-là seuls
« ont droit à en régler les rapports qui

« y possèdent, au moins, une alvéole.
« Quant aux déshérités, il faut faire deux
« parts, les travailleurs et les parasites.
« Aux premiers, qui sont les surnumé-
« raires du patronat et de la possession,
« tout bon gouvernement doit une pro-
« tection ardente, et, par des institutions
« d'épargne et de crédit, son devoir et
« son intérêt lui commandent de leur
« faciliter l'accès de la ruche commune.
« Aux parasites, qui sont les frelons de
« la ruche, il ne doit que de la tolérance.
« Surveillés tant qu'ils ne font qu'étaler
« leur paresse, hors la loi dès qu'ils
« montrent leur dard. Ce n'est plus à la
« mairie, c'est chez le percepteur que
« désormais on devra retirer sa carte
« d'électeur, certificat de civisme si elle
« est la rémunération d'une application
« laborieuse, et, dans tous les cas, ga-
« rantie d'un intérêt au maintien de
« l'ordre qui, sous les gouvernements
« démocratiques, est le criterium de la

« vraie liberté, celle qui résulte du respect
« du droit, de soi-même et d'autrui. »

—⋙⋘—

Ces préliminaires réglés, la loi électorale refaite, la presse refrénée, le droit
de réunion restreint, et, chose capitale, la
nomination des Maires restituée au pouvoir exécutif, comme nous en démontre-
rons plus bas l'obligation logique, nous
espérons que, sauf le nom de République,
auquel nous substituerions volontiers
celui de *Régence nationale*, notre pro-
gramme n'effraiera personne. Ce n'est
pas le gouvernement d'un parti, bien
moins encore celui des brouillons ou
des scélérats. C'est le gouvernement des
citoyens les plus dignes, librement élus
dans toutes les classes, sous la protection des lois conservatrices. C'est enfin
le gouvernement que Dieu veut, le
labeur collectif qui nous est imposé

par la force des choses, et peut-être
aussi pour l'expiation de nos fautes
et de nos crimes politiques. Nous allons,
à nouveau, en jalonner l'idée ; la Chambre
en prendra ce qu'elle croira bon.

ART. I.

Les conseillers municipaux seront élus
par tous les habitants inscrits sur la liste
électorale de leur commune.

ART. II.

Les conseillers cantonaux seront élus
par tous les conseillers municipaux compris dans le canton et votant chacun
dans sa commune.

ART. III.

Les conseillers généraux seront élus,
dans leur circonscription, par les conseillers municipaux et les couseillers cantonaux compris dans ladite circonscription
et votant chacun dans sa commune.

ART. IV.

Les députés seront élus individuellement, dans leur circonscription, par les conseillers municipaux, cantonaux et généraux compris dans ladite circonscription et votant chacun dans sa commune.

ART. V.

Les citoyens compris dans les quatre catégories qui précèdent seront indéfiniment renouvelables tous les ans et par cinquièmes.

ART. VI.

La Chambre, seule souveraine, élira ou confirmera le Chef du Pouvoir exécutif pour une période de cinq ans. Sur la proposition signée par cinquante membres de la Chambre, il sera, en tout temps, soumis à un vote de confiance et révocable à la majorité des deux tiers des voix.

ART. VII.

Le Chef du Pouvoir exécutif nommera les ministres et en présidera le Conseil. Tous seront individuellement responsables.

ART. VIII.

Les ministres assisteront régulière-
ment aux séances de l'Assemblée,
auxquelles le Chef du Pouvoir exécutif
sera libre de prendre part; mais il n'y
sera tenu que dans des cas exceptionnels
et sur l'invitation du Président de la
Chambre. — Outre qu'elle serait illo-
gique, toute stipulation qui aurait pour
objet d'interdire l'accès de l'Assemblée
au Chef *responsable* du Pouvoir exécutif, serait aussi l'aveu implicite d'une
humiliante panique devant l'écrasante
supériorité ou l'irrésistible séduction de
M. Thiers. Demi-dieu ou démon, si la
personne de M. Thiers est à ce point
redoutable, qu'on lui érige une statue
et qu'on le change. Mais faire une loi
en vue de l'homme et non de la fonc-
tion, serait puéril et peu digne d'une
grande Assemblée.

ART. IX.

Au rebours du Pouvoir souverain, qui procède de bas en haut, de la Commune jusqu'à la Chambre, le Pouvoir exécutif se décomposera par voie descendante, c'est-à-dire que le Président de la République ou, si l'on veut, de *la Régence nationale* nommera les ministres, que ceux-ci nommeront les préfets et les présidents des Conseils généraux et cantonaux, et que les préfets nommeront les maires. Ces divers fonctionnaires, ministres, préfets, présidents des Conseils généraux et cantonaux et les maires, étant de même catégorie, doivent avoir même origine, et, en outre du simple bon sens qui l'indique, les conflits qui existent entre les préfets *nommés* et un nombre infini de maires et de présidents *élus* sont là pour condamner l'absurdité de la disposition contraire.

A ces modifications près, sans toucher à rien et à personne, on prendrait le *statu quo* du régime actuel pour point de départ du régime nouveau, ce qui, on en conviendra, est peu ordinaire dans les changements de système, et rend on ne peut plus pratique la constitution et l'exercice de celui que nous soumettons à l'examen de la Chambre.

<hr />

Sauf les Conseils cantonaux, que nous avons inscrits d'office en place des Conseils d'arrondissement généralement reconnus inutiles, tous les autres rouages sont montés et fonctionnent, et, s'ils se ressentent un peu du vice originel, ils n'en représentent pas moins, à ses divers degrés, la souveraineté nationale dont la manifestation se perpétuerait dans tous ses

éléments : Conseils municipaux, cantonaux, généraux et la Chambre elle-
même, par voie de renouvellement
annuel et par cinquièmes. De la sorte,
la continuité du Pouvoir ne serait pas
un seul instant interrompue, et les
besoins nouveaux y seraient représentés
sans cesse et aussi sans secousse, parce
que les élections partielles, n'ayant pas
d'effet décisif, se feraient sans grande
émotion au village comme au chef-lieu.

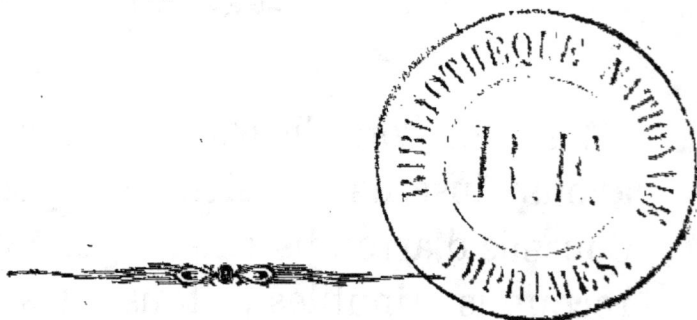

Foix, typographie et lithographie POMIÈS. — 57

FOIX

IMP. POMIÈS

www.ingramcontent.com/pod-product-compliance
Lightning Source LLC
Chambersburg PA
CBHW060804280326
41934CB00010B/2549